Mario Sempf

DRESDEN zum Gruseln

Vom TOTENTANZ zum BÖSEN HAUS

Illustrationen von Thomas Zahn

Gestatten Sie, dass ich mich vorstelle? Ich bin es wieder:

Ritter Jonas Daniel

Leibwächter der Dohnaer Burggrafen

Vor über sechs Jahrhunderten, während der „Dohnaischen Fehde", welche siebzehn Jahre lang blutig zwischen meinem Herrn, dem Burggrafen Jeschke von Dohna, und dem meißentreuen Ritter Rudolf von Körbitz ausgetragen wurde, bezahlte ich die Rettung der beiden Kinder des Grafen mit meinem Leben. Denn als mein Herr 1402 von seinem Sitz vertrieben wurde, versuchte ich, dessen Kinder auf einem geheimen Pfad durch die Dresdner Heide in Sicherheit zu bringen.

Doch ganz in der Nähe des heutigen Ortsteils Klotzsche lockten mich Körbitz und seine Mannen in einen feigen Hinterhalt. Während meine Knappen die Kinder versteckten, versuchte ich mich der Überzahl an Schwertern tapfer zu erwehren. Aber vergeblich. Ich hatte keine Chance. Durch diese Schmach kommt mein Geist bis heute nicht zur Ruhe und so finde ich mich noch immer rastlos hier an diesem Ort – dazu ausersehen, an den Schauplätzen der einst so düsteren Stadtgeschichte Dresdens zu wandeln und neue schaurige Orte zu entdecken. Ein ganz besonderes Abenteuer, zu dem ich Sie, liebe Leser, einmal mehr einlade.

Es ist wie das Entschlüsseln alter, rätselhafter Karten. Denn längst sind die meisten der grausigen Plätze verbaut, verstellt oder dem Erdboden gleichgemacht worden. Zu viel neuer Glanz überdeckt das Alte, ja, auch das Verruchte. Bei genauerem Hinsehen aber taucht das Ursprüngliche manchmal doch recht unvermutet wieder auf und zeigt uns, dass die Stadt noch immer zahlreiche Überraschungen bereithält.

Die Entdeckung der Stadt geht weiter ...

Alle Anekdoten im Überblick:

Buchstaben im Siegel

Finden Sie die Schauplätze der Anekdoten in den alten Stadtkarten!

Viel Freude beim Entdecken!

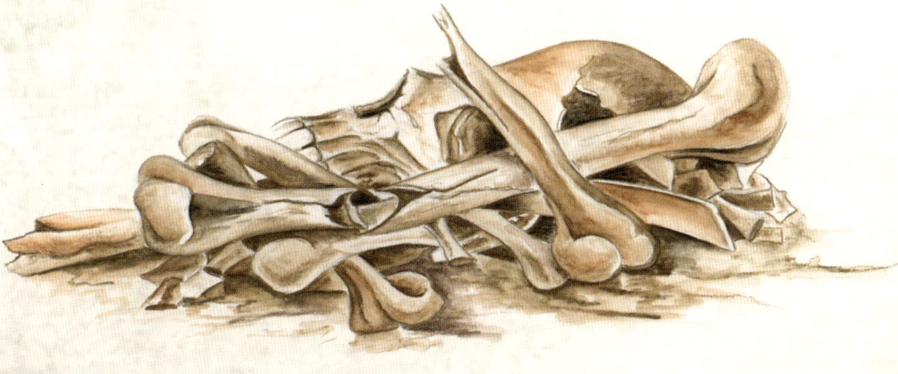

Wussten Sie ...

A 1. Der viel gereiste tanzende Tod

... dass es sich beim „Dresdner Totentanz" um ein sandsteinernes Relief mit siebenundzwanzig Figuren handelt, welches an die Vergänglichkeit des Seins erinnern soll?

Das mehr als zwölf Meter lange und über einen Meter hohe Relief wechselte mehrfach seinen Standort – man könnte auch sagen: Es ist viel herumgekommen in den Jahrhunderten seit seiner Erschaffung durch Christoph Walther I. um 1534.

Ursprünglich befand sich das farbig bemalte Kunstwerk an der der Elbe zugewandten Fassade des Georgentors. Dort wurde es beim großen Schlossbrand von 1701 beschädigt.

Nach seiner Restaurierung schenkte August der Starke das Relief der Dreikönigsgemeinde in der Neuen Königsstadt, der späteren Neustadt. Hier befand sich das Riesenbild aus Stein auf dem Altendresdner Friedhof in der jetzigen Hauptstraße, wo aber ab

Ausschnitt des sächsischen Totentanzreliefs, heute zu sehen in der Dreikönigskirche – Sinnbild für Vergänglichkeit

1732 die Dreikönigskirche gebaut wurde und der Wandfries 1733 erneut umziehen musste, und zwar auf den neu entstandenen Inneren Neustädter Friedhof.

Doch auch hier nahm er Schaden durch Regen, Nässe, Kälte und sonstige Witterungseinflüsse. Erneut wurde er abgebaut und im Jahr 1990 direkt unter der Orgelempore der Dreikönigskirche angebracht. An diesem Platz befindet er sich noch immer, wird allerdings von eiligen Kirchenbesuchern kaum bemerkt.

2. Die „Nagelprobe" machen

… dass die Prüfung eines ausgeleerten Trinkgefäßes auf die „Hoftrinkordnung" von Kurfürst Christian II. von Sachsen (1583–1611) zurückzuführen ist und als Qualitätsprüfung unter dem Ausspruch *„Machen wir doch mal die Nagelprobe!"* Bekanntheit bis weit über die sächsischen Landesgrenzen hinaus erlangt hat?

Das Gesetz besagte, dass ein Gefäß nicht als ordentlich leer getrunken galt, wenn darin noch mehr Flüssigkeit enthalten war, als auf einem Daumennagel Platz fände. Die doch recht filigrane Nagelprobe aus der sächsischen Hoftrinkordnung (erstmals 1608 erwähnt), bei der man das leer getrunkene Gefäß mit der einen Hand umdrehte und den eventuell verbliebenen Inhalt auf den Daumennagel der anderen Hand rinnen ließ, wurde mit dem Ausspruch *„So hatten es auch die Alten im Brauch!"* begleitet.

1601 begann die Regierungszeit des Kurfürsten. Christian II. galt allerdings nicht gerade als „Leuchte" in Sachen Wirtschaft und Finanzen. Seine Leidenschaft für die Jagd und fürs maßlose Trinken und Essen war dagegen sehr ausgeprägt. Mit nur siebenundzwanzig Jahren fand er überhitzt beim Genuss einer beträchtlichen Menge kalten Bieres den frühen Tod; vermutlich durch einen Schlaganfall. Prost!

Wussten Sie …

3. Mit einer Krone in den Tod

… dass man bei archäologischen Grabungen in den Grüften unter der Frauenkirche etwa fünfzig Leichen mit aufgesetzten Kronen aus gebogenen Kupfer- und Eisendrähten gefunden hat?

Dabei handelte es sich keineswegs um Möchtegern-Könige oder verzogene Prinzessinnen, sondern um unverheiratete Frauen und Junggesellen. Selbst Säuglinge wurden mit diesen Grabbeigaben für ihre letzte Reise ausgestattet. Die Kronen waren teilweise recht aufwendig verziert, mit Perlen besetzt oder mit Seidenblüten liebevoll versehen. Sehr kostspielig gestaltete Totenkronen waren allerdings Leihgaben der Kirche, die wieder zurückgegeben werden mussten. Wie auch immer das in der „misslichen Lage" der Verstorbenen überhaupt möglich gewesen sein soll …

Der Brauch der Totenkronen bei ledigen Verstorbenen lässt sich in zahlreichen deutschen Städten finden. Die Kirche wollte damit vor allem eines schaffen: Ordnung und Frieden. Heile Welt im Totenreich.

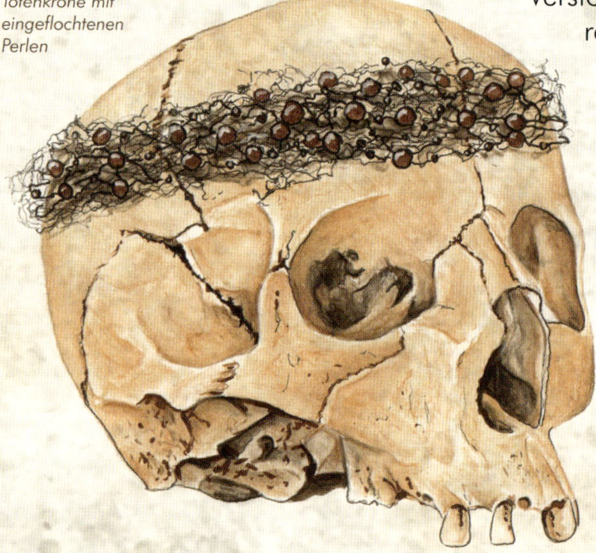

Totenkrone mit eingeflochtenen Perlen

4. Die sprichwörtliche „Katze im Sack"

… dass laut mittelalterlichen Marktordnungen *„Kaninchen nur mit Kopf oder Pfoten"* verkauft werden durften?

Trickreiche Betrüger an den städtischen „Fleischbänken" – in Altendresden standen diese beispielsweise auf dem Neustädter Markt, an der Stelle des heute dort befindlichen Goldenen Reiters – sollen Käufern gelegentlich eingefangene Katzen, denen sie nach dem Schlachten Kopf und Pfoten abgehackt hatten, als Kaninchen verkauft haben.

Da man die Tiere, welche beim Kauf meist auch noch unauffällig in einem Tuch verpackt waren, ohne Kopf und Gliedmaßen nicht sofort unterscheiden konnte, ließ so mancher schon mal zu Hause arglos und mit großem Appetit die „Katze aus dem Sack".

5. „Die Katze aus dem Sack lassen"

Zu diesem Ausspruch gibt es eine etwas heftigere Erklärung. Es geht um den grausigen Brauch des Auspeitschens mit der sogenannten „neunschwänzigen Katze". Für jedes der berühmten neun Katzenleben ein Lederriemen, der in einem Knoten endete.

Dieses gefürchtete Strafgerät wurde besonders auf Schiffen oder Strafgaleeren eingesetzt und verursachte grauenvolle Wunden, denn es konnte einem ganze Hautfetzen aus dem Rücken reißen. Bei Bedarf holte man also „die Katze aus dem Sack", in dem sie die ganze Zeit über sichtbar für alle am Mast gehangen hatte.

Ach, Sie denken, Galeeren mit Sträflingen gab es nur im alten Rom? Abwarten! Die Elbe hatte auch so ihre dunklen Stellen …

Wussten Sie ...

C

6. Todbringender Pflasterstein

... dass der sogenannte „Krellstein“ nahe dem Friedens- oder Türkenbrunnen (zehn Schritte in Richtung Frauenkirche) auf dem Jüdenhof vor dem Eingang des Johanneums jene Stelle markiert, an der in Dresden einer der berüchtigtsten Justizmorde stattfand?

Als im Jahre 1591 Kurfürst Christian I. mit nur dreißig Jahren starb, brach die Stunde seiner erst 23-jährigen Gemahlin Sophie von Brandenburg an. Eine ihrer ersten Amtshandlungen war die Inhaftierung des Kanzlers Nikolaus Krell. Den hatte ihr verstorbener Mann extra als Geheimrat an seinen Hof geholt. Allerdings versuchte Krell, eine neue Glaubensrichtung in Dresden durchzusetzen: den nach dem französischen Reformator Johannes Calvin benannten Calvinismus. Hauptsächlich die Abschaffung des Exorzismus (Teufelsaustreibung) neben der erfolgten Taufe war der jungen Witwe ein Dorn im Auge. Sie hatte gerade selbst ein Kind geboren und damit betraf sie der neue Glaube persönlich, denn nach bisher verbreiteter Vorstellung steckte in jedem Neugeborenen etwas Teuflisches, das es auszutreiben galt.

Noch während der Begräbniszeremonie für ihren Mann ließ die Kurfürstinwitwe Kanzler Krell in Ketten legen und nach Königstein auf die damals sicherste Festung bringen. Für ganze zehn Jahre.

1601 ließ die rachsüchtige Sophie Nikolaus Krell wieder frei – aber nur, um ihn geradewegs nach Dresden zu bringen. Hier wurde er am 9. Oktober auf dem Jüdenhof westlich des Neumarktes vom Scharfrichter Polz enthauptet.

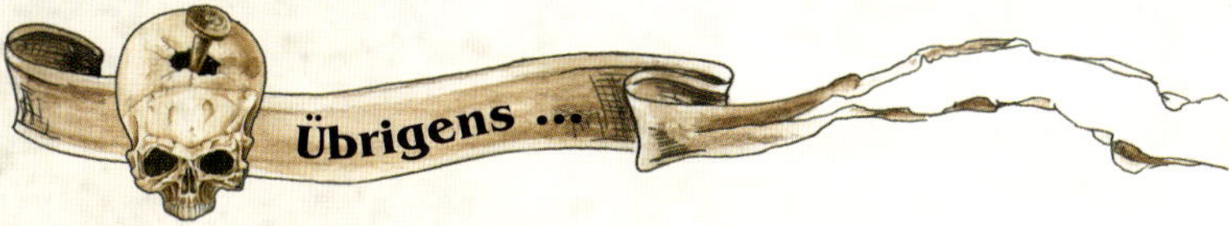

- 1705 schnitt man einem Deserteur vom Fürstenbergischen Regiment zu Dresden unter der Justiz auf dem Neumarkt beide Ohren weg und nagelte diese mit zwei Nägeln an den Galgen.

- 1707 hieb man einem Soldaten auf dem Neumarkt zu Dresden unterm Galgen zwei Finger ab, *„dieweil er einen falschen Eid getan"*.
  Das Abschneiden von Zunge, Nase und Ohren sowie das Abhauen der Hand oder der Finger zählten zu den Leibesstrafen mit absichtlicher Verstümmelung.

7. Feuer unterm Hintern

… dass Kurfürst August (1526–1586) im Jahre 1569 einen wirklich ungewöhnlichen Befehl erteilte, der besagte, dass *„von Michaelis bis Ostern von jedem Fuder Holz, das auf Karren eines der Stadttore passierte, ein Scheit, nicht das kleinste und nicht das größte, für die Wache abgeworfen werden sollte"*? Damit konnten die Kamine in den Wachräumen beheizt werden.

Allerdings dürften es sich die Wachleute nicht allzu gemütlich gemacht haben, denn bereits zweiundzwanzig Jahre zuvor hatte Augusts Bruder Moritz (1521–1553) in einer Festungsordnung vier ausgewählte Bürger dazu bestimmt, regelmäßig die Wache zu *„besichtigen und zu beschleichen"*, damit auch wirklich Wache gehalten wurde.

Wusstten Sie …

8. Getürmt

… dass ein Jahr nach dem schrecklichen Angriff der Hussiten auf Dresden im Jahr 1429 ein starker Turm direkt auf der Elbbrücke gebaut wurde?

Er stand auf den Brückenpfeilern zur Altstädter Seite hin und schützte damit das linkselbische Dresden. Als die Taboriten (so nannte man die radikalen Hussiten, die sich im böhmischen Ort Tabor niederließen) 1430 erneut vor den Toren Dresdens auftauchten, beschoss man sie von diesem wehrhaften Steinturm aus mit *„etlichen großen Stücken"*.

Da die Taboriten die wehrhafte Stadt nicht überrennen konnten, mussten die Altendresdner dafür büßen. Und auch die Insassen des Maternihospitals, das sich direkt neben der damals noch ungeschützten Frauenkirche befand, blieben vor den Gewaltexzessen nicht verschont. Die Chroniken sprechen davon, dass die Angreifer aus lauter Frustration das Hospital verwüsteten und die altersschwachen Menschen dort aufs Grausamste massakrierten.

Wehrturm auf der Elbbrücke

9. Von tödlichen Stichen und falschen Rosen

... dass die von Johann Georg I. von Sachsen am 27. September 1614 zur Taufe eines seiner Söhne abgehaltene Fechtschule innerhalb der Dresdner Festungsanlagen von einem tragischen Unglück überschattet wurde?

In vielen deutschen Städten war vor dem 17. Jahrhundert das Üben mit dem Langen Schwert, dem einhändigen Rapier oder dem hölzernen Dussak eine hoch angesehene kampfsportliche Bewegungskunst, bei welcher Körper und Charakter der Akteure ausgebildet wurden. Das einfache Volk bewunderte die Sportler und umso aufregender waren die Fechtschulen, bei denen mit unterschiedlichen Waffen und Gegnern nach entsprechenden fairen Regeln die Meister ermittelt wurden. Oft spielte dabei die sogenannte „rote Rose“ eine gewichtige Rolle – eine schöne Umschreibung für eine Platzwunde an der Stirn. Diese war für die Zuschauer ein unmissverständliches Zeichen für das sichere Handhaben der Waffen. Leider ging aber an besagtem Fechtschultag in Dresden etwas schief, denn einem der sich kampfsportlich messenden Lakaien wurde ein säbelartiges Rapier ins Auge gestoßen. An dieser Verletzung verstarb der junge Mann noch am selben Abend.

10. Volles Rohr

... dass ein Kanonengießer als Gütesiegel für seine Qualitätsarbeit selbst drei Schüsse aus der gegossenen Kanone abfeuern musste, und zwar indem er sie persönlich zündete, während er unmittelbar danebenstand?

Bekam er auch nach dem dritten Schuss keinen Kratzer ab, galt die Kanone als „abgenommen“. Handwerkliche Leistungen nach dem Prinzip *„Meine Hand für mein Produkt“* waren im Mittelalter und auch noch im 16. Jahrhundert nichts Ungewöhnliches.

11. Explosive „Vulkanshöhlen"

Direkt unter der Brühlschen Terrasse lagen der kleine und große Kanonenhof. Sie gehörten zur 1545 bis 1555 entstandenen Bastionärsbefestigung Dresdens. Sogar eine Kanonengießerei hatte hier unten ihren Platz gefunden, was eine äußerst gefährliche Angelegenheit gewesen sein dürfte.

Nicht ganz zufällig benannte August der Starke die Kasematten in „Vulkanshöhlen" um. 1747 krachte es hier nämlich ordentlich und eine Explosion des Pulvermagazins fegte das darüber liegende erste Lustschloss Belvedere hinweg.

12. Galeerenstrafe auf der Elbe?

... dass bis zum Ende des 18. Jahrhunderts Wild- und Fischdieben die Galeerenstrafe auf der Elbe drohen konnte?

Bei der ersten Verurteilung galt laut *„Sächsischer Constitutio"* eine Strafe von sechs Jahren, im Wiederholungsfall drohte *„ewige Verdammnis auf Galeeren"*.

Venezianer und Genuesen, so heißt es, schickten außerdem Galeeren-Kommandanten in die Welt, um für bis zu 300 Taler Ruderknechte auf Lebenszeit für ihre Galeeren „einzukaufen". Im 18. Jahrhundert machten verschiedene Stände des Kurfürstentums Sachsen sogar den Vorschlag, entsprechende Verträge mit der Republik Venedig abzuschließen, um so Bettler und Landstreicher loszuwerden. Als Vorbild für derartige Elbgaleeren diente die luxuriöse „Bucentaurus", die 1719 die Braut des Kurfürsten von Pirna nach Dresden gebracht hatte.

Eines sei vielleicht an dieser Stelle noch angemerkt: Angewandt wurde die erniedrigende Galeerenstrafe auf der Elbe dann doch nicht ein einziges Mal, es gab sie nur als Gesetzestext auf dem Papier.

13. Der spukende Franzose im Großen Garten

... dass es seit Napoleons Kriegstreiben in Dresden im Großen Garten spukt?

Dresden war 1813 Austragungsort der letzten Schlacht, die der selbst ernannte Kaiser auf deutschem Boden gewann. Auch der Große Garten war Schauplatz dieser ereignisreichen Zeit. Nach so manchem blutigen Tag wurden in einigen Holzbaracken Lazarette eingerichtet, um die verletzten Franzosen zu versorgen. Doch viele von ihnen befanden sich bereits in einem erbärmlichen Zustand und konnten nicht mehr auf Hilfe hoffen.

Auf ihren Feldzügen unter Napoleon hatten diese armen Kreaturen ein kleines bisschen privaten Reichtum angehäuft, den sie nun mit sich herumtrugen: gestohlene Schmuckstücke, Silberbecher oder Goldmünzen. Alles kostbare Kleinigkeiten, die gut in Hosentaschen oder Stoffbeutel passten. Als die sterbenden Soldaten nun den Sensenmann auf sich zukommen sahen, versuchten sie noch schnell, ihre „Reichtümer" irgendwo im Großen Garten zu vergraben. Den anderen die Schätze überlassen, das wollte keiner. So verwundert es auch nicht, dass Spaziergänger auf den Alleen des Großen Gartens manchmal einen nur mit einem Hemd und einer Feldmütze bekleideten, blassen Franzosen angetroffen haben wollen. Ohne ein Wort zu sagen, ging er ein Stück des Weges mit ihnen und verschwand dann wieder. Wahrscheinlich hätte ein Mutiger ihn einfach nur ansprechen und ihm zu seinem Versteck folgen müssen. So wäre der arme Soldat endlich von seinem Fluch erlöst worden. Stattdessen geistert er noch immer im Großen Garten umher – oder?

14. Kopflos

... dass es einst in Dresden einen Scharfrichter (von „scharf richten", also mit dem Schwert) gegeben haben soll, der wegen seiner besonderen handwerklichen Fähigkeiten in den Adelsstand erhoben wurde?

Die Rede ist vom Scharfrichter Melchior Wahl, der am 22. Februar 1647 mit einundvierzig Jahren in Dresden starb. Von seinem Grabstein konnte man ablesen, dass er von Johann Georg I. in den Adelsstand erhoben worden war und den Beinamen *„von Dreißigacker"* verliehen bekommen hatte. Diesen Titel erhielt er als Belohnung für seine besondere Geschicklichkeit: Er hatte einem Geköpften ein Stück ausgestochenen Rasen auf den Hals gelegt und ihn an der Hand, sozusagen vollkommen kopflos, über eine Wegstrecke von dreißig Äckern (sächsisches Flächenmaß) geführt. Scharfrichter Melchior von Dreißigacker hatte sein Handwerk beherrscht, denn der Geköpfte schien gar nicht bemerkt zu haben, was mit ihm passiert war.

Das Sühnekreuz in Dresden-Seidnitz

15. Friedhof der Henker

… dass es bis vor einhundert Jahren einen Friedhof gab, auf dem *„sämtliche Scharfrichter"* bzw. Henker Dresdens begraben wurden? Kann es einen düsteren Ort geben?

Seit dem 13. Jahrhundert sind Scharfrichter in den deutschen Landen bekannt. Der Dresdner Henker verrichtete sein blutiges Handwerk vor dem Wilsdruffer Tor, außerhalb der Stadt, am sogenannten „Rabenstein". Das war eine kreisrunde, erhöhte Hinrichtungsstätte aus gemauerten Sandsteinen. Daneben befand sich ein kleiner See, die „Entenpfütze". Hier am „Falkenschlag" wohnte und arbeitete der Henker mit seinen Stockknechten, seinen Abdeckergehilfen und seiner Familie. Es war ein grauenerregender Ort des Gestanks und mit allem, was den Menschen Abscheu und Angst einflößte – die Stätte des Todes!

Nicht weit von hier, hinter der Annenkirche, lag der Friedhof für die Vorstädte. Auf dem „zweiten Annenfriedhof" fanden mindestens sieben Scharfrichtergenerationen der Familie Polz aus dem 18. und 19. Jahrhundert ihre letzte Ruhestätte.

Der zweite Dresdner Annenfriedhof wurde 1854 aufgrund von Platzmangel geschlossen. Bis 1914 wurden die Gruftanlagen verfüllt, die Gräber beräumt und eingeebnet. Dass irgendjemand dabei die Leichen der Scharfrichter berührte, ist nicht anzunehmen, denn das bedeutete ja Unglück und Schande.

Also liegen sie vermutlich noch immer dort – an jenem ehemals so schaurigen Ort, der heute „Sternplatz" heißt und an dem man anstelle der grausigen Grabstätten ausgerechnet die Filiale einer bekannten Krankenkasse findet.

Aber krankenversichert war sicher damals noch keiner der Herren mit den scharf geschliffenen Richtschwertern …

Wussten Sie ...

16. Mordkreuze in Dresden

... dass Sühnekreuze bzw. Mordkreuze Zeugnisse des frühmittelalterlichen Rechts sind und oft eine sehr düstere Geschichte erzählen?

Viele der jahrhundertealten Sühnekreuze werden mit üblen Mordtaten in Verbindung gebracht. Oft bestehen sie aus Sandstein oder sogar aus Granit und mitunter sind auf deren Sichtflächen schauerliche Mordwerkzeuge wie lange Messer oder Äxte dargestellt.

Der geschichtliche Hintergrund: Vor seiner Hinrichtung musste ein zum Tode verurteilter Mörder solch ein Sühnekreuz selbst anfertigen oder herstellen lassen, um eine Blutfehde zwischen den betreffenden Familien zu verhindern, welche seine Tat unweigerlich auslösen würde.

Eines dieser erhaltenen Sühnekreuze befindet sich an der Querachse im Großen Garten hinter einem Baum. Hier soll ein Bischof umgebracht worden sein, der auf dem Weg nach Dresden war.

Andere Sühnekreuze sind in einer Mauer an der Klotzscher Kirche oder auf dem Lukasplatz zu finden. Früher gehörten diese Stadtteile allerdings noch nicht zu Dresden, sondern lagen weit außerhalb der Stadt.

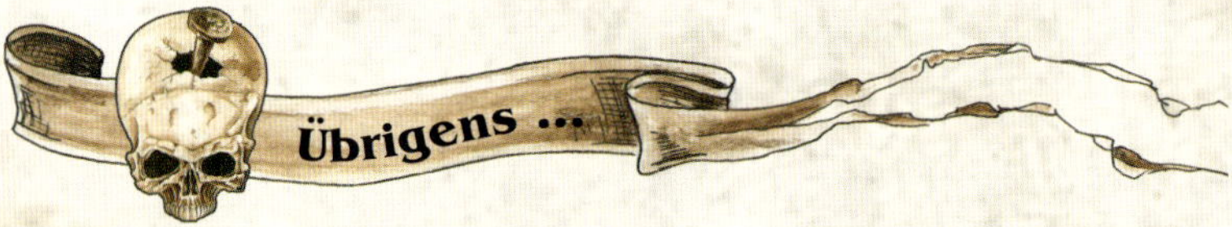

- Am 17. August 1705 wurde der Kirchenräuber und Mörder Christian Bernard in Dresden *„mit glühenden Zangen geknippen und lebendig geradebrecht* (mit einem schweren Wagenrad die Gliedmaßen zerbrochen), *hernach sein Körper aufs Rad geflochten"*.

17. Dresdens steinerne Grenzen

… dass es in Dresden steinerne Hinterlassenschaften der städtischen Gerichtsbarkeit gibt, die sogenannten „Weichbildsteine“? Der Name hat allerdings nichts mit „weich“ zu tun, sondern entstammt dem Begriff „wik“ für Siedlung, der bereits im „Sachsenspiegel“ erwähnt wird.

Diese länglichen Sandsteinquader mit dem Dresdner Wappenbild legten ab dem Jahr 1501 fest, bis wohin das Recht einer Stadt galt. Innerhalb dieser Steine war man gewissermaßen durch das Stadtrecht geschützt und konnte als Bürger auf etwaige Hilfe hoffen, wenn man bestohlen, verwundet oder sonst irgendwie mit kriminellen Auswüchsen konfrontiert wurde.

Strich beispielsweise der Scharfrichter *„liederliches Gesindel mit Ruten aus der Stadt“*, dann durften sich diese Leute unter Todesandrohung dem Weichbildstein meist nur noch bis auf wenige Meter nähern.

Das linkselbische Dresden war von insgesamt achtzig dieser Steine umgeben. Altendresden von zwanzig. Auch heute existieren immer noch einige dieser Weichbildsteine im Stadtalltag. Einer befindet sich am Postgebäude an der Königsbrücker Straße, ein anderer vor dem Rathaus am Dr.-Külz-Ring. Sie gelten damit als echte archäologische Kostbarkeiten.

Weichbildstein

Wussten Sie …

18. Mörderische Spurensuche

… dass dort, wo sich vor den brutalen Überfällen der Hussiten das Maternihospital befand, noch heute dessen einstiger Brunnen als Relikt einer schrecklichen Zeit zu sehen ist?

Wenige Schritte vom Coselpalais entfernt in Richtung Frauenkirche befindet sich eine ins Steinpflaster eingelassene runde Kupferplatte. Sie zeigt die komplette Festungsmauer Dresdens und verschließt den wiederentdeckten darunterliegenden Brunnen des zerstörten Maternihospitals. Hier hatten die Hussiten 1429 aus reiner Wut und Vergeltung gemordet und gebrandschatzt, weil sie die wehrhaften Mauern der Dresdner Festung nicht bezwingen konnten. Mit leeren Händen mussten sie weiterziehen. Doch bereits ein Jahr später tauchten sie erneut vor Dresdens Stadttoren auf.

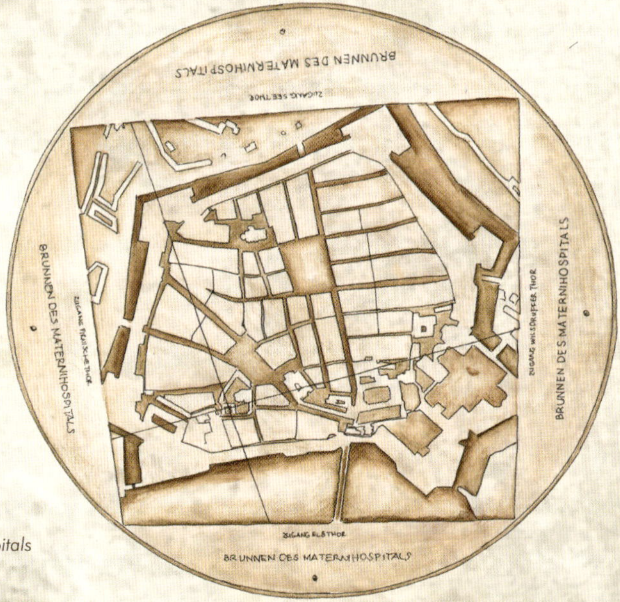

Kupferplatte auf dem Brunnen des ehemaligen Maternihospitals

19. Leichen auf Reisen

… dass es in Dresden einen sehr „speziellen" Friedhof mit außergewöhnlich häufigen steinernen Darstellungen von Totenköpfen, Sanduhren oder sogar mythischen Sphingen gibt?

Die Rede ist vom Inneren Neustädter Friedhof in der Nähe des heutigen Hechtviertels in der Dresdner Neustadt. Einst befanden sich die Überreste der hier Begrabenen auf dem Altendresdner Friedhof in der heutigen Hauptstraße. Als jedoch auf Befehl August des Starken 1732 Altendresden zur barocken Neuen Königsstadt umgestaltet werden sollte, musste die ursprüngliche Dreikönigskirche im Zentrum Altendresdens (in der Nähe des Neustädter Marktes) weichen, da sie schlicht und ergreifend seiner geplanten Prachtstraße im Wege war. Man bettete also die Toten des Altendresdner Friedhofs einige Hundert Meter weiter nördlich außerhalb der Festungsanlagen um, um die Kirche an der Stelle des ehemaligen Gottesackers wieder aufzubauen. Der so entstandene Innere Neustädter Friedhof lag jetzt zwar außerhalb der Festungsmauern, behielt aber seinen Namen bei.

Bedeutend für Liebhaber mystischer Skulpturen sind die vielen Darstellungen aus der Barockzeit mit Totenkopf, Sanduhr oder abgebrannter Kerze – Sinnbilder der Vergänglichkeit. Besonders eindrucksvoll ist die Grabanlage des kursächsischen Obermaurermeisters Johann Gottfried Fehre mit einer steinernen Kuppel und Säulen, die von je einem Totenkopf gekrönt werden. Auch mehrere Freimaurer fanden hier mit entsprechenden geheimen Symboliken an den Grabsteinen und Grüften ihre letzte Ruhestätte.

Wussten Sie ...

20. Das „schräge“ Gotteshaus

... dass die prachtvolle, zwischen Elbe und Schloss gelegene Hofkirche mit ihren zahlreichen Sandsteinfiguren auf dem Dachsims ein Geheimnis umgibt?

Als Kurfürst Friedrich August I. – genannt „der Starke“ – mit Bestechungsgeldern nach der polnischen Krone griff, brachte das auch einen Glaubenswechsel mit sich. Mit Einführung der Reformation im Jahre 1539 in Sachsen hatte sich Dresden vom katholischen Glauben verabschiedet und war protestantisch geworden. Doch nun sorgte ausgerechnet der sächsische Kurfürst für eine Kehrtwende: Als polnischer König musste er zum katholischen Glauben übertreten. Und ein entsprechendes Gotteshaus in der Residenzstadt gehörte dazu. Nach Augusts Tod nahm dessen Sohn schließlich das Bauvorhaben in die Hand. Für die Hofkirche mussten die Festungsbauwerke der Mondbastei, das Komödienhaus, die Münze und auch zwei Brückenbögen abgetragen werden. Diese Arbeiten gestalteten sich schwieriger als geplant. Aus Platzgründen musste die neue Kirche daher in den beräumten Bereich zwischen Elbe und Schloss schräg „eingepasst“ werden. Sie wurde deshalb auch nicht nach Osten ausgerichtet, so wie es eigentlich üblich war bei Gotteshäusern. Die Grundsteinlegung der Hofkirche fand am 28. Juli 1739, um neun Uhr in der Frühe statt – und zwar im Geheimen. Obwohl – oder gerade weil – nahezu zeitgleich etwa dreihundert Meter weiter auf dem Neumarkt die berühmte Dresdner Frauenkirche entstand, entschied man sich zu diesem Ablenkungsmanöver, um den Dresdner Bürgern das Bauvorhaben möglichst lange zu verschweigen. Wie clever!

Der italienische Baumeister Gaetano Chiaveri legte sich anfangs ordentlich ins Zeug. Als aber Zweifel daran aufkamen, ob seine

Dachkonstruktion halten würde, flüchteten die Arbeiter einfach von der Baustelle. Nach weiteren Intrigen kehrte der begnadete Baumeister Dresden und dem unfertigen Kirchenbau schließlich gefrustet den Rücken, sodass die Hofkirche 1755 ohne ihn vollendet wurde.

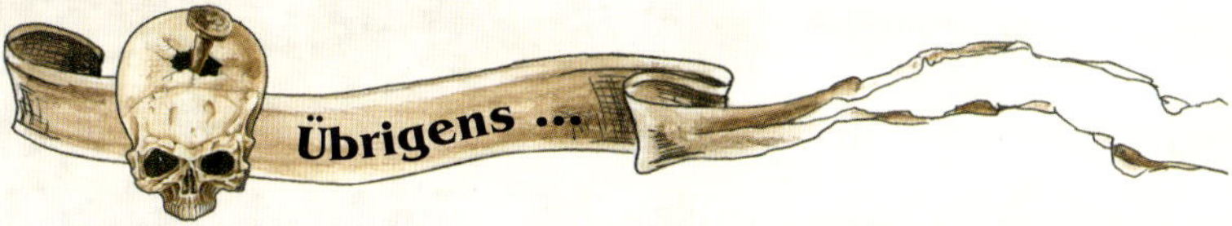

- Neben neunundvierzig adeligen Persönlichkeiten aus dem Geschlecht der Wettiner fand auch das Herz August des Starken seinen Platz in den Grüften unter der Kirche. Eingeschlossen in einer Kapsel, ruht es in der Stiftergruft.

21. Das versteckte Lächeln

… dass es einen Grund dafür gibt, warum auf den Gemälden in der berühmten Dresdner Gemäldegalerie keine der vornehmen und schillernden Persönlichkeiten lächelt?

Nicht nur die Körperpflege ließ bei den Edelleuten oft zu wünschen übrig, auch Zahnpflege war unbekannt. Vor allem Nahrungsmittel aus Getreide ruinierten die Zähne, sodass die Menschen schon in jungen Jahren derart schlechte Beißer hatten, dass niemand sich gern mit offenem Mund zeigte. Außerdem galt es als plump und bäuerlich lebhaft, zu lachen und dabei die Zähne zu entblößen.

Wussten Sie ...

22. Sachsens Glanz

... dass Dresdens Reichtum eng mit Dreck, Schlamm und kilometerlangen in den Fels getriebenen Bergstollen verbunden ist?

Als man im Jahre 1168 das erste Silber in Freiberger Gruben fand, setzte ein regelrechter Bau- und Besiedlungsboom in der Region ein. Zinn und Silber wurden in großen Mengen auch im Erzgebirge bei Dippoldiswalde, Altenberg, Zinnwald, Geising, Lauenstein und Glashütte gefunden. Grenzwarten und Burgen schossen daraufhin wie Pilze aus dem Boden. Diese brauchte man, um die Silber- und Eisenstraßen zu sichern.

Das große *„Berggeschrey“* lockte zudem Handwerker, Fleischer und sogar Bierbrauer in Scharen in die Bergbaustädte, sodass sich Wälder bald in öde Steinhalden verwandelten und sich unter den meisten Ortschaften im Müglitztal kilometerlange Tunnel durch die Gneisfelsen schlängelten. Der in Maxen entdeckte und für das „Grüne Gewölbe“ abgebaute grüne und gelbe Marmor mag so für die typische Namensgebung der wohl bekanntesten Schatzkammer Europas mitbestimmend gewesen sein. Und auch große Teile der prachtvollen Innenausstattung des Dresdner Schlosses wurden aus den Marmorschichten bei Maxen gebrochen.

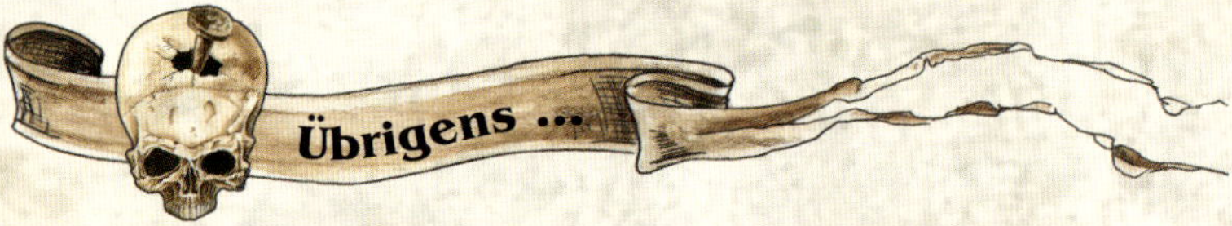

- Ganz in der Nähe (nur etwa dreißig Kilometer von Dresden entfernt) kann man im legendären „Schlottwitzer Achatgang“ immer noch farbintensive Amethyste und Achate finden. Auch sie brachten Glanz und Reichtum in die sächsische Residenz.

23. Spuk auf der Brühlschen Terrasse

… dass man zuweilen eine weiß gekleidete Frau aus dem Brühlschen Palast in Richtung des „Torniamenti'schen Kaffeehauses" (1886 für den Bau der Kunstakademie abgerissen) gehen sah?

Sobald sie jedoch das Kaffeehaus passiert hatte, lief sie dem Geländer der Brühlschen Terrasse entgegen und stürzte sich plötzlich über dieses hinweg schweigend in die dunklen Wasser der Elbe.

Die Menschen tuschelten hinter vorgehaltener Hand und nicht ohne ein leichtes Schaudern über diese Spukgestalt. Dies sei der Geist der Mätresse des Grafen Brühl. Sie hieß Teresa Albuzzi-Todeschini, wurde aber von den Leuten nur abwertend „Alputze" genannt.

An jener Stelle, an der die weiße Frau über das Geländer fiel und in den Elbwellen verschwand, habe sie einst ihrem Leben ein Ende gemacht und komme nun nicht zur Ruhe. So zumindest erzählten es die einfachen Leute – und die wissen ja bekanntlich immer alles ganz genau.

Wer heute mutig genug ist, kann gern selbst um Mitternacht ans Geländer der Brühlschen Terrasse kommen und seine eigenen Beobachtungen anstellen …

24. Waffennarren

… dass derjenige, der um 1500 das begehrte Bürgerrecht der Stadt Dresden erwerben wollte, wenigstens eine Haken- oder Steinbüchse – je nach Reichtum – vorweisen musste? Wehrhaft zu sein, war also oberste Bürgerpflicht.

N

25. Es liegt ein Knistern in der Luft

… dass man bis 1573 lieber einen großen Bogen um das Areal des jetzigen Zwingers mit seinem goldenen Kronentor, dem Nymphenbad und der Gemäldegalerie machte, wenn einem sein Leben lieb war?

An dieser Stelle befand sich nämlich Dresdens erste Pulvermühle, die das explosive Schießpulver für den hinter der Frauenkirche aufragenden Pulverturm zermahlte. Hier lag ein ständiges Knistern in der Luft.

Die mit der Herstellung von Schießpulver und Sprengstoff verbundene Explosionsgefahr sowie Pläne einer Festungserweiterung zwangen schließlich zur Suche nach einem neuen Standort weit außerhalb der Stadt. Ab 1576 wurde deshalb die Produktion von Schießpulver in den Ortsteil Löbtau an den Weißeritzmühlgraben verlegt. Mit der dörflichen Idylle war es dort dann jedoch endgültig vorbei …

O

26. Explosive Mühle

… dass die am alten Weißeritzmühlgraben außerhalb der Stadt gelegene Pulvermühle, die für die Herstellung des wichtigen Schießpulvers zuständig war, zu den gefährlichsten Flecken der ganzen Gegend zählte?

An dem vom Fluss Weißeritz abzweigenden gleichnamigen Mühlgraben im Ortsteil Löbtau ging es über Jahrhunderte wahrlich heiß her, denn hier wurde das Schießpulver für Kanonen und Handfeuerwaffen gestampft. Durch das unermüdliche Schlagen der Eisenhämmer entstand jedoch immer wieder gefürchteter Funkenflug. Dieser legte die Gebäude in schöner Regelmäßigkeit mit Donnergrollen und Qualm in Schutt und Asche. 1613 ereignete sich die erste verheerende Explosion, welcher noch zahlreiche weitere folgten, die im Übrigen oft auch Menschenleben kosteten, so in den Jahren 1638, 1640 und 1775. Die Pulvermühle wurde aber jedes Mal neu aufgebaut, denn eine Stadt wie Dresden konnte auf das wichtige Schießpulver nicht verzichten.

Fast dreihundert Jahre lang wurde in den gefährlichen Mauern der Pulvermühle Salpeter, Kohle und Schwefel zu hochexplosivem Schießpulver zermahlen. Nach der letzten Explosion im Jahre 1796 wurde die alte Mühle jedoch nach und nach stillgelegt und der Mühlgraben 1937 schließlich verfüllt.

Heute ist das Gelände als geschichtsträchtiger Park hergerichtet, der noch immer jede Menge „explosiven" Charme versprüht. Dafür sorgen allein schon die imposanten stilisierten Wasserräder im teilweise wieder ausgegrabenen Weißeritzmühlgraben.

Fiktive Darstellung: Explosion der Pulvermühle, im Vordergrund die zwei Mühlräder im jetzigen Zustand

Wusstn Sie ...

27. Erleuchtung

… dass man wegen Zerstörung einer mit Öl betriebenen Nachtlaterne noch im 18. Jahrhundert mit öffentlicher Prangerstrafe und Zuchthaus bestraft werden konnte?

Am 10. November 1705 wurde auf der Schlossgasse die erste Nachtlaterne in Betrieb genommen. Sie hatte unten eine Öffnung und konnte so auch ohne Leiter angezündet werden. Zwölf Lampenputzer sorgten für eine helle Beleuchtung bei Nacht. Der erste Lampenputzer Dresdens hieß Jean Lapin, ein ehemaliger Soldat. Er soll erst 1756 im stolzen Alter von 105 Jahren gestorben sein.

Bereits im März 1706 brannten sechsundvierzig Nachtlaternen auf der Dresdner Brücke. Der Siegeszug einer beleuchteten Innenstadt bei Nacht war nicht mehr aufzuhalten.

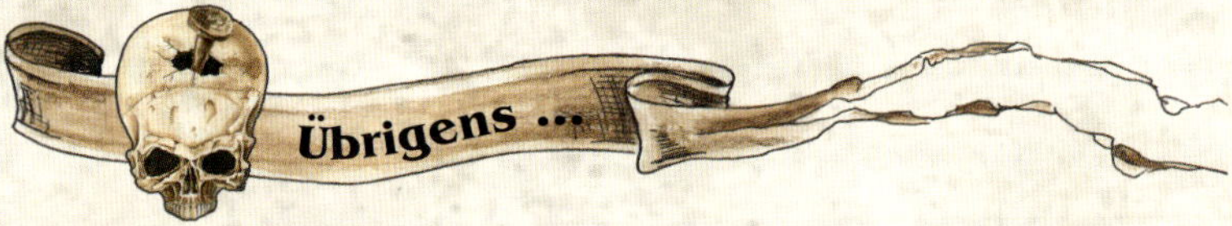

- Am 26. August 1626 wollte ein Soldat auf der Festungsmauer von einem Baum Birnen stehlen. Dabei verlor er das Gleichgewicht, stürzte und blieb unglücklich mit dem Kopf in einer Astgabel hängen. Aus dieser misslichen Lage konnte er sich nicht selbst befreien. Er wurde in stranguliertem Zustand tot aufgefunden.

- Am 7. November 1629 sind zwei Personen wegen Münzfälscherei auf dem „Rabenstein" mit dem Schwert enthauptet worden. Dabei handelte es sich um einen Vater und seinen Sohn.

28. Brandgefährlich

... dass viele Menschen während eines fulminanten fünfstündigen Feuerwerks auf der Elbe vom Ufer aus begeistert jubelten, aber andere um ihr Leben kämpften, weil sie selbst die lebenden Fackeln waren?

Die Rede ist vom Abschlussfeuerwerk bei Riesa 1730, welches das vierwöchige „Campement zu Radewitz" krönen sollte. Heute sprechen wir vom „Zeithainer Lustlager".

Eine Flotte aus hölzernen Walen und Delfinen schwamm vor einer bemalten Leinwandkulisse auf der Elbe auf und ab und sprühte Feuerfontänen aus allen Öffnungen in den Himmel. Die darin eingepferchten Strafgefangenen sorgten für das Spektakel. Sie stammten aus der Dresdner Festung. Demjenigen, der bei diesem gefährlichen Feuerspektakel nicht selbst verbrannte, wurde die Freiheit versprochen. Vielen war das allerdings nicht vergönnt – und von August dem Starken auch nicht unbedingt so vorgesehen.

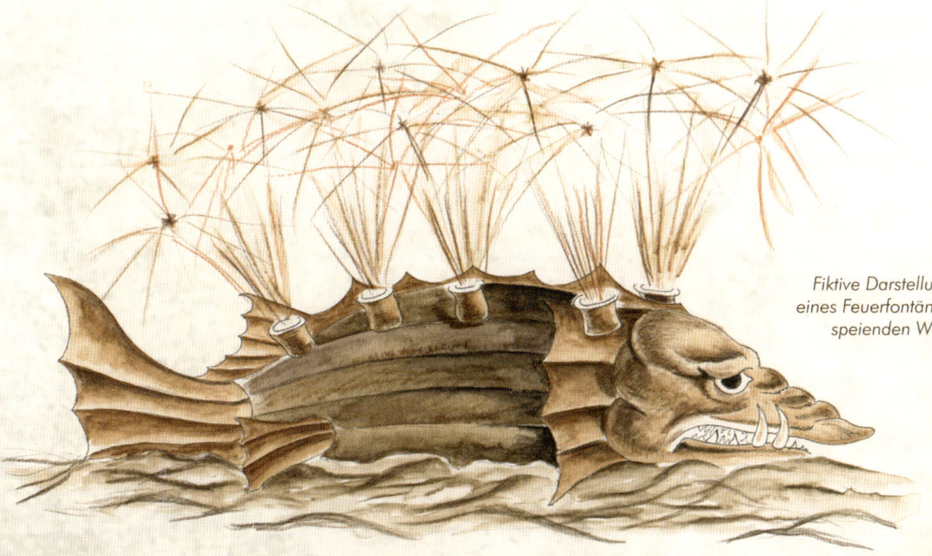

Fiktive Darstellung eines Feuerfontänen speienden Wals

29. Kurfürstlicher Münzfälscher

... dass am Hofe des sächsischen Kurfürsten und polnischen Königs August II. aus ständiger Geldknappheit sogar verbotene Wege beschritten wurden, um dem Reichtum Dresdens etwas auf die Sprünge zu helfen?

Um Sponsoren für einen vermeintlich ertragreichen Goldbergbau im Elbsandsteingebirge zu gewinnen, ließ der den Luxus liebende Kurfürst goldene Münzen mit seinem Konterfei prägen und brüstete sich damit. Diese Münzen stammten zwar aus den Friedrichstaler Granatwerken, das Gold dafür wurde allerdings extra herbeigeschafft, weil die Goldausbeute vor Ort viel zu gering war.

1728 wurde der versuchte Goldbergbau in der Sächsischen Schweiz wieder eingestellt. Eines ist dennoch gewiss: Sachsens Sandstein enthält tatsächlich geringe Mengen an Gold. Deswegen die Häuser abzureißen und durchzusieben, lohnt allerdings nicht, denn auf 1 Tonne Sand kommt lediglich 1 Gramm Gold.

Vorder- und Rückseite „Schmetterlingstaler"

30. Eine vergiftete Mätresse?

… dass es im scheinbar schillernden Lebenslauf August des Starken einen dunklen Fleck gibt, der mit dem mysteriösen Tod seines älteren Bruders zu tun hat?

Mit nur neunzehn Jahren starb am 4. April 1694 Magdalena Sibylla von Neitschütz, Reichsgräfin von Rochlitz, die bildschöne Mätresse des jungen Kurfürsten Johann Georg IV., an Pocken. Da dieser unsterblich in sie verliebt war, küsste er sie noch auf dem Sterbebett, steckte sich dabei mit der Krankheit an und verschied nur drei Wochen darauf. Da war er selbst gerade einmal sechsundzwanzig Jahre alt. Durch diesen Unglücksfall kam Friedrich August auf den Kurfürstenthron.

Merkwürdig und bis heute ungeklärt ist jedoch der eigenartige Umstand, dass es laut Seuchenakten zu jener Zeit keine Pockenepidemie in Dresden gab. Hatte also jemand „nachgeholfen"? Denn ein Detail scheint in diesem Zusammenhang nicht uninteressant: Die Brüder hatten oft Streit miteinander gehabt, sich sogar in den Zwinggräben duelliert. Womöglich wegen dieser Frau?

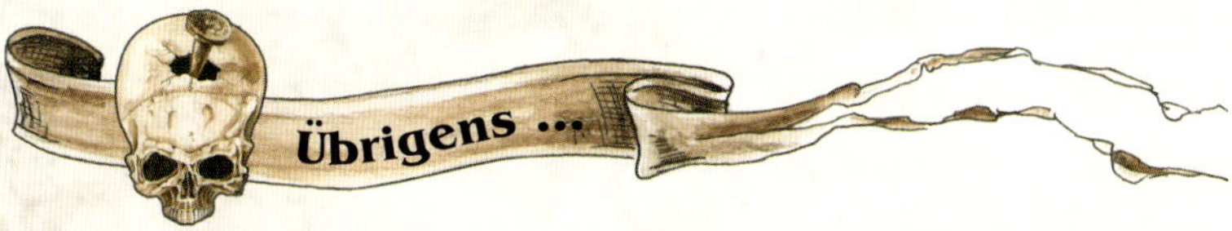

- Bei einer Hochzeitsfeier im Jahre 1634 ereignete sich ein Unglück aus Unachtsamkeit: Statt Zucker befand sich auf den Speisen zum Verwechseln ähnlich aussehendes *„Mäuse-Pulver"* (besser bekannt als Rattengift). Von den zwanzig Gästen starben vier an Vergiftung.

Wusstten Sie ...

31. Mörderischer Gasthof

... dass die Einkehr im Gasthaus „Zum grauen Sünder" für manchen Stadtbesucher das todsichere Ende seiner „langen Reise" bedeutete?

Diese mittelalterliche Schenke soll sich kurz nach den Hussitenkriegen (ca. 1430) vor der Festungsmauer in der Nähe zum Seetor befunden haben. Den Zu-spät-Kommenden sollte sie eine sichere Herberge sein, aber das ging ordentlich daneben. Bewirtschaftet wurde der „Graue Sünder" von einem alleinstehenden, kriegsmüden Mann mit drei Söhnen.

Von welcher Qualität die miese Spelunke war, zeigte sich, als ein ahnungsloser Gast des Nachts durch laute Geräusche in seinem Zimmer erwachte und den Wirt mit erhobener Axt an seinem Bett vorfand.

Der Angreifer wurde glücklicherweise von den Wächtern des nahen Seetors überwältigt und in Ketten gelegt. Spätere Untersuchungen in seinem Gartenhäuschen förderten noch weitere Zeugnisse seiner mordlustigen Habgier zutage. Er wurde schließlich als Dieb gehängt und *„aufs Rad gelegt"*. Seine drei Söhne verwies man der Stadt.

Dieses verruchte Gasthaus muss etwa dort gewesen sein, wo sich heute das „Haus des Buches" am Dr.-Külz-Ring befindet. Das Seetor ist als die schmale gepflasterte Straße erkennbar, die – vom Altmarkt kommend – auf die Prager Straße zuführt.

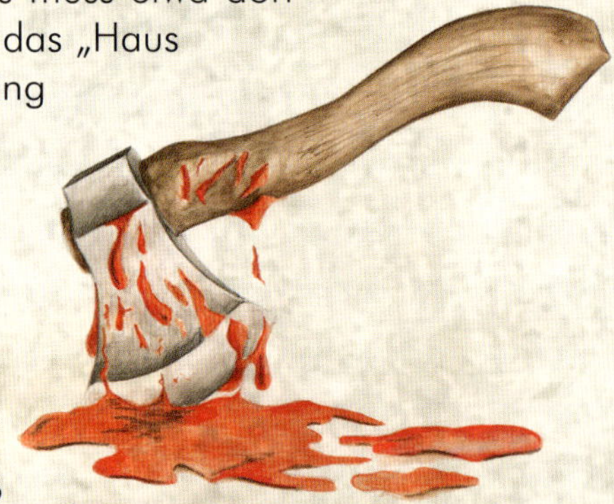

Übrigens …

- Am 21. Februar 1637 wurde ein Räuber namens Reuter bei einem Überfall erschossen und anschließend eilig von seinen Kameraden verscharrt.
  Auf Befehl des Kurfürsten grub man den Toten wieder aus, ihm wurde der Kopf abgeschlagen und der Körper auf der Richtstätte in ein Rad geflochten. Das alles geschah, um dem Recht Genüge zu tun.

32. Der „lahme“ Regent

… dass es unter den sächsischen Regenten einen Kurfürsten gab, der sich trotz eines Handicaps nicht davon abhalten ließ, nach der Krone zu greifen?

Die Rede ist von Friedrich Christian, dem drittgeborenen Sohn des Kurfürsten August II., also des Sprösslings des „starken August“. Da seine beiden älteren Brüder krankheitsbedingt vor ihm gestorben waren, gelangte Friedrich Christian im Oktober 1763 – trotz einer Fußlähmung – unverhofft auf den Kurfürstenthron. Auf Gemälden von ihm ist davon natürlich nichts zu sehen, da stand Friedrich Christian seinen Vorgängern in punkto Aufgeblasenheit in nichts nach.

Seine erste Amtshandlung war übrigens die Entlassung Brühls aus allen Staatsdiensten wegen seines katastrophalen Finanzmanagements. Danach sollte die polnische Krone erobert werden, doch mitten im erwachenden Machttaumel verstarb der Kurfürst nach nur vierundsiebzig Tagen Herrschaft plötzlich an den Pocken (Blattern), genau wie sein Onkel Johann Georg IV. neunundsechzig Jahre zuvor.

Wussten Sie …

33. Der letzte Tanz

… dass ein *„Tanz mit dem Scharfrichter"* alles andere als ein Vergnügen für dessen Tanzpartnerin gewesen war?

Dieser Tanz war eine Bestrafung für unzüchtiges Verhalten bei Frauen. Selbst eine flüchtige oder ungewollte Berührung des Henkers beziehungsweise eines seiner „Werkzeuge" galt als unrein und konnte zur Ausweisung aus der Stadt führen. Beim Tanzen war jedoch engerer Körperkontakt unvermeidbar. Im Klartext bedeutete solch ein Tanz also nur eines: Ausgrenzung.

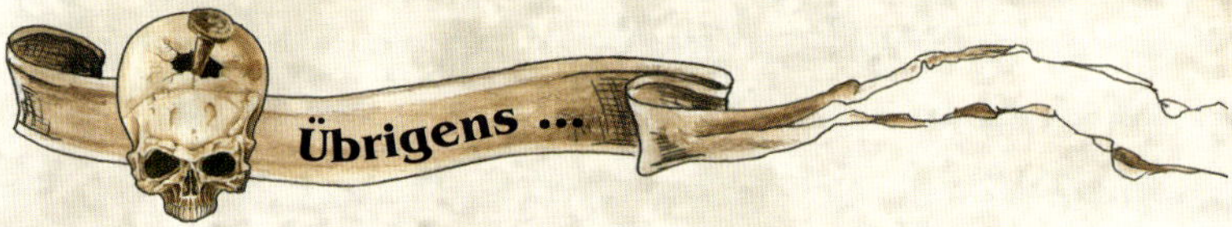

- *„Am 26. Juli 1712 wurde Donat Ranisch, welcher im Dorf Plauen einen Mord begangen, gestohlen und Feuer angeleget, auf einer Kuhhaut zum Gerichtsplatz geschleiffet und lebendig verbrannt."*

- Der Ausdruck „Schindluder" meint den Kadaver eines Tieres, das zum Abdecker beziehungsweise Schinder gebracht und dort geschunden, also gehäutet wird. „Luder" entstammt der Jägersprache. Ein totes Tier dient dem Anlocken von Raubtieren.

34. Gans schön tödlich

… dass sich an der Wand im zweiten Stock eines Eckhauses auf der Großen Brüdergasse Nummer 7 das steinerne Bildnis einer fliegenden Gans befunden haben soll, die sieben Menschen auf dem Gewissen hatte?

Im 15. Jahrhundert soll eine Magd eine zum Braten fertige, ausgenommene Gans in den Keller eben dieses Hauses gelegt haben. Eine Kröte (wahrscheinlicher ist eine Ratte) kroch in den Körper-Hohlraum hinein. Anderntags wurde die Gans gebraten und aufgetischt, ohne dass jemand das Dilemma bemerkte. Alle, die von dem Braten aßen, starben noch am selben Tag; auch die Magd.

Jahrhunderte später untersuchte man die Inschrift unter dem in Stein gehauenen Gänsebild noch einmal genauer und entdeckte dabei ein besonderes Detail: Die Inschrift bezog sich eher auf einen Adler, nicht auf eine Gans.

Gans schön verwirrend, diese üble Geschichte …

35. Köstliches Nass?

… dass im 15. Jahrhundert nicht einmal Pferde das Dresdner Brunnenwasser trinken wollten?

Die frei zugänglichen Schwengelbrunnen in den mittelalterlichen Gassen waren größtenteils nicht abgedeckt. Neben starken Winden standen vor allem *„vorbeistreichende lose Buben"* im Verdacht, *„viel Unflat und garstig Zeug"* in die Brunnen fallen zu lassen. Auch den sich ständig in der Stadt aufhaltenden Soldaten wurde immer wieder nachgesagt, in die Brunnen zu spucken.

Nach dem Ausbruch der Pest im 14. Jahrhundert mussten Hunderte Juden als Sündenböcke für die Schlampigkeit der Dresdner Bürger mit ihrem Leben bezahlen, als man sie 1349 zur Fastnachtszeit als „Brunnenvergifter" auf dem Scheiterhaufen verbrannte.

36. Der Tod läuft mit

... dass es seit dem 14. Jahrhundert in ganz Mitteleuropa einen Brauch gab, den man „Tod austreiben" nannte, und darum bis heute in der Dresdner Heide viele Wege mit dem Tod im Namen zu finden sind?

Der Brauch des Todaustreibens erhielt seine Bedeutung in der Pestzeit. Da musste der Tod leibhaftig weggebracht werden – und zwar mit Schubkarren, auf denen die weiß gekalkten Toten lagen, die zu Tausenden der Pest zum Opfer fielen.

Am 28. März 1745 machten sich neun Jungen aus dem Ort Radeberg auf den Weg, den Tod auszutreiben. Dazu bastelten sie sich aus Stroh eine menschenähnliche Figur. Diese wurde kräftig geschnürt, bemalt und auch mit Hosen bekleidet. Dann wurde sie auf eine Stange gespießt. Mit diesem Ungetüm zog die Gruppe anschließend durch die Stadt sowie durch die Dresdner Heide und sang Lieder, deren Texte genau vorgeschrieben waren. Ein schauriger Brauch, denn es war damals allgemein bekannt, das derjenige, der beim Laufen als Letzter zurückblieb, im darauffolgenden Jahr sterben würde. Also versuchten die Jungen durch ihren wilden Gesang die Angst zu übertönen und näherten sich einer sumpfigen Grube im Wald, die das Ziel ihrer Reise war. Gemeinsam warfen sie die Strohpuppe hinein und kehrten sofort um. Nun galt es, möglichst nicht als Letzter durch den Wald zu stolpern.

Unterwegs fand einer der Jungen eine willkommene Walddelikatesse: wilde Möhren. Er gab jedem etwas von seinem Proviant ab und erklärte, dass sie nun noch schneller laufen könnten. So kamen sie unbeschadet und erleichtert wieder in Radeberg an. Doch kaum zu Hause, klagten einige der Jungen über Bauchschmerzen. Sie spuckten Blut und fingen wie wild an zu zucken. Knapp drei Stunden später waren die ersten vier Jungen tot. Einer überlebte den Abend, starb aber am darauffolgenden Tag. Drei Jungen, denen man eine Medizin verabreichte, überlebten den ganzen Spuk unter heftigen Schmerzen. Nur einer ging vollkommen unbeschadet aus der Geschichte hervor: Er hatte nichts von den Möhren gegessen.

Es dauerte nicht lange, da entdeckten pflanzenkundige Erwachsene, dass die vermeintlichen Möhren in Wirklichkeit hochgiftiges Schierlingskraut gewesen waren.

Seit jener Zeit verbot die Kirche den absonderlichen Brauch des Todaustreibens. Und einige Wege sowie auch die Ullersdorfer Mühle bekamen zur Erinnerung und Abschreckung Namen wie „Totenmühle“ oder „Todweg“.

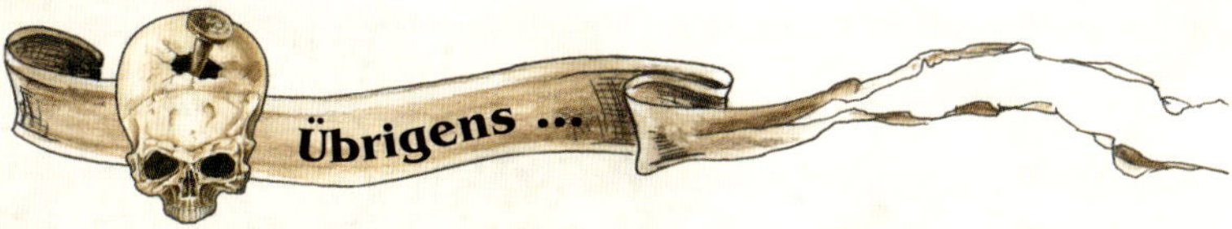

- In dem Dorf Cossebaude ereignete sich am 10. September 1655 ein besonders tragisches Unglück in der hiesigen Ortsschenke. Beim „Schuhwerfen“, einem Spiel unter jungen Burschen und Mägden, versuchte man, einen halb auf den Fuß gesteckten Schuh über den Kopf gegen die Stubentür zu schleudern. Je nachdem, ob die Schuhspitze oder die Ferse traf, konnte man daraus schließen, ob man im kommenden Jahr weiter Dienst im Hause hätte oder nicht.
  Beim Niederbücken nach dem geworfenen Schuh stach sich eine Magd ein am Busen verstecktes blankes Messer direkt ins Herz und blieb sogleich tot liegen.

37. Der unheimliche schwertschwingende Fremde

... dass Kurfürst August der Starke im Jahre 1712 durch einen „Vagabunden“ im Fechtduell entwaffnet wurde und ihm keiner seiner erfahrenen Fechtmeister zu Hilfe eilen konnte?

Der Kurfürst in Bedrängnis. Was war geschehen?

In der Stadt Jena lebte zu dieser Zeit eine berühmte Fechterfamilie namens Kreussler. Die hier ausgebildeten Schüler galten als die Besten im ganzen Land. Deshalb besuchte August der Starke eines Tages die Stadt, selbstverständlich inkognito, um hier auf die berühmten Kreusslers zu treffen. In der „Rasenmühle“, einer Studentenkneipe, kehrte er ein. Unter den Burschen vor Ort befand sich auch ein Halbstarker, der den Kurfürsten zum Kampf herausforderte. Da sich dieser sehr zurückhielt, endete das Duell für beide zwar unblutig – jedoch für den Studenten mit einem gebrochenen Mittelhandknochen nach dem Händedruck des starken Königs.

Als der 46-jährige Fechtlehrer Johann Wilhelm Kreussler von diesem Vorfall erfuhr, fühlte er sich in seinem Stolz verletzt. Getarnt als Vagabund machte er sich sofort auf den Weg nach Dresden, wo ihm nach drei Tagen der Einlass in den Dresdner Fechtsaal gelang.

Nach kurzer Zeit erweckte der unbekannte Gaffer die Aufmerksamkeit von einigen angeberischen Fechtlakaien, die den ungelenk wirkenden Mann zu einem Fechtstück herausforderten. Wider Erwarten fegte der Fremde jedoch einen nach dem anderen mit dem Rapier von der Fechtbahn, sodass sich sogar der Fechtlehrer selbst einmischen musste. Doch auch dieser behielt seine Waffe nur kurz in der Hand.

Kurfürst August hatte unterdessen die flinken Bewegungen des Unbekannten studiert und versuchte es nun selbst mit dem Eindringling aufzunehmen. Nach nur wenigen Stößen und Hieben musste sich der Kurfürst allerdings geschlagen geben. Auch er wurde entwaffnet. Aber er hatte so eine Ahnung. „Entweder seid Ihr der Teufel selber oder … der Kreussler von Jena!“, rief er aus.

Die Fronten waren damit geklärt.

38. Das „Böse Haus“

… dass Dresdens verruchtestes Stadtviertel „das Loch“ genannt wurde?

Das im Mittelalter dicht bei der Stadtmauer zum Pirnaischen Tor hin gelegene „Hurenhaus“ – später auch das „Böse Haus“ genannt – beherbergte fünf bis zehn „fest angestellte“ leichte Mädchen. Um Vergewaltigungen und unerlaubtem Beischlaf bis hin zur Sodomie vorzubeugen, duldeten die Ratsherren von Dresden das horizontale Gewerbe in der Stadt. Allerdings war verheirateten Männern, Juden, Priestern und Mönchen ein Besuch des Hurenhauses bei Todesstrafe untersagt. Beaufsichtigt wurden die Freudenmädchen übrigens durch den Henker. Zur eindeutigen Unterscheidung von frommen Bürgerinnen bekamen sie von der Bürgermeisterfrau einen farbigen Schleier überreicht. Aus diesem Grunde nannte man diese Mädchen auch „Schleiermädchen“. Erwähnt wurde das „Frauenhaus“ erstmals 1415 in einer Baurechnung. Anderen „gefallenen Mädchen“, die sich auf den Straßen und in den Gassen in diesem Gewerbe versuchten, drohte die Ausweisung aus der Stadt oder sogar die Hinrichtung.

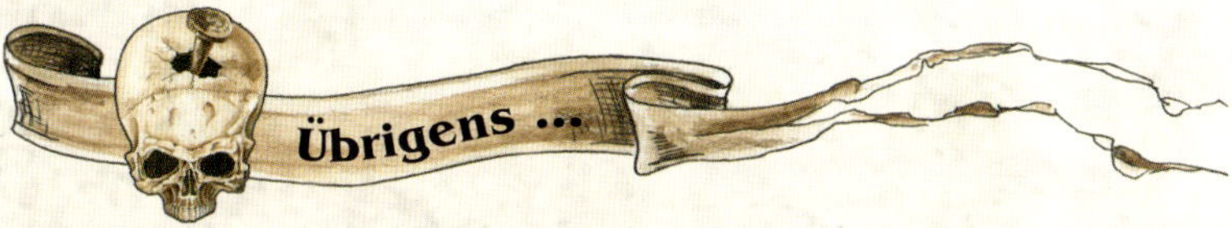

- Laut Dresdner Stadtbuch wurde der Henker im 15. Jahrhundert aus den Einnahmen der Prostituierten bezahlt. Des einen Lust ist des anderen Last …

Handwerker des Todes

Um ihn ranken sich die düstersten menschlichen Fantasien: Mit scharf geschliffenem Schwert und nacktem, muskulösem Oberkörper erwartet der Scharfrichter sein vor Angst schlotterndes Opfer. Sein Gesicht ist von einer ledernen Maske verhüllt, damit er nicht vom *„bösen Blick"* des Verurteilten getroffen wird. Geradezu behäbig sind seine Bewegungen. Er kennt seine Wirkung und er weiß diese in Szene zu setzen.

Dann erhebt er mit großer Wucht das schwere Richtschwert zum tödlichen Schlag. Stimmt das? Müssen wir uns den „Handwerker des Todes" tatsächlich so vorstellen?

Tatsache ist, weder eine Maske noch ein nackter Oberkörper zählten zu den Markenzeichen echter Scharfrichter. In historischen Darstellungen sind die Henker, Scharfrichter, Angstmänner oder auch Nachrichter eher kaum von anderen wohlhabenden Dresdner Bürgern zu unterscheiden. Maximal an der auffälligen Farbe ihrer Kleidung – beispielsweise einem rosafarbenen Hemd oder einem roten Umhang, so wie beim Scharfrichter Polz – waren sie zu erkennen. Eine gute Sicht, behinderungsfrei arbeitende Hände und praktische Kleidungsstücke waren für die schwierige Aufgabe des Scharfrichters hingegen unerlässlich. Denn ein präzise waagerecht geführter Schwerthieb war kein Zufallsprodukt, sondern ein lange erlerntes Handwerk mit Meisterprüfung.

In diesen „Knochenjob" wurde man gewissermaßen hineingeboren. Die Söhne eines Scharfrichters konnten keine andere Berufslaufbahn einschlagen als das Henkerhandwerk. *„Berufliche Erbfolge"* nennt man das. Töchter eines Scharfrichters waren dazu verdammt, als Zauberin oder Heilerin ihre Brötchen zu verdienen. Heiraten konnten sie ebenfalls nur einen Mann niederen Standes. Dennoch wurde der Beruf des Scharfrichters durchaus wertgeschätzt.

Ein Scharfrichter musste das nötige Verständnis für Anatomie besitzen, oft wurde er sogar als Heiler zurate gezogen, weil keiner den menschlichen Körper besser kannte als er.

Die Ausbildung zum Scharfrichter funktionierte wie das Erlernen eines Handwerks mit entsprechender Gesellenprüfung. Außerdem gehörte es zu seiner Kunst, einem Verurteilten unter angeordneter Folter ein Geständnis zu entlocken. Sterben durfte der Bestrafte dabei übrigens nicht.

Des Scharfrichters unmittelbare Aufgaben waren – neben dem Richten mit dem Schwert oder durch Erhängen – unter anderem auch die ordnungsgerechte Handhabung der verschiedenen Folterwerkzeuge als Teil eines Gerichtsverfahrens, das Bestatten von Selbstmördern oder die Beaufsichtigung der Prostituierten. Sein Handwerk gehörte zu den „ehrlosen Berufen". Menschen normalen Standes luden ganz schnell Unglück auf sich, wenn sie das Handwerkszeug eines Scharfrichters berührten. Dies konnte sogar zur Ausweisung aus der Stadt führen.

Wenigstens vierzehn Scharfrichter des 17. Jahrhunderts kennen die Dresdner Chroniken namentlich. Über die Jahrhunderte davor existiert eine Wissenslücke. Auch über ihr Alltagsleben ist wenig bekannt.

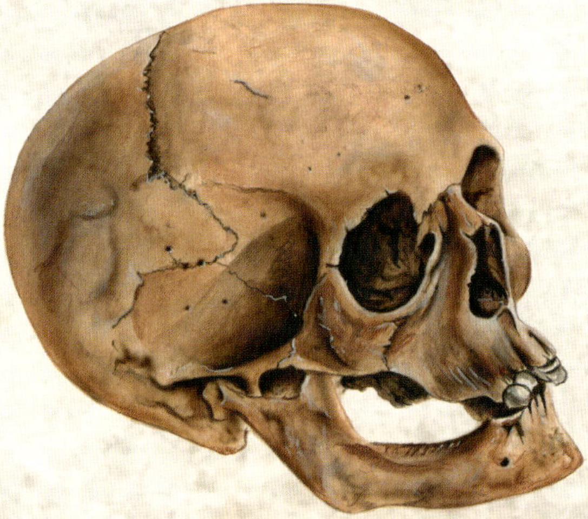

Dresdens berühmte Scharfrichter im 17. Jahrhundert:

Kunz Polz – um 1588 bis um 1603

Christoph Pols – um 1603 bis 1608

Jobst Heine – um 1608 bis 1620

Franz Heyl – um 1612 bis 1626

Hans Engelke – um 1620

Hans Melchior Wahl („von Dreißigacker") – bis 1647

Benedix Stengel – um 1643

Jobst Heine – um 1650

Christoph Polz – um 1660

Johann Melchior Wahl – um 1660

Johann Glöckner – um 1647 bis 1662

Johann Benedict – seit 1664

Melchior Vogel – unbekannt

Johann Jeremias Rauch – 1667 bis 1673

Über die Sonderstellung der Scharfrichter gibt vielleicht auch die folgende kleine Anekdote in besonders makabrer Weise Auskunft:

Im Jahre 1624 brach sich der Geheime Rat Wolf von Lüttichau unglücklich seinen rechten Oberschenkel. Kurfürst Georg I. schickte sofort seine besten Leibärzte in die Spur – allerdings lehnte der Geheimrat diesen medizinischen Beistand dankend ab und verlangte lieber nach dem ehemaligen Scharfrichter Christoph Pols, dem er in diesen Belangen mehr Vertrauen schenkte. Und Henker Pols versorgte den Bruch und die äußerlichen Wunden offensichtlich ausgezeichnet, sonst hätte es diese Anekdote nicht als positives Beispiel in die Dresdner Chroniken geschafft.

Zeittafel Dresdner Geschichte

vor 8000 Jahren	Der Elbkessel zwischen Meißen und Pirna wird in der Altsteinzeit erstmals besiedelt.
1206	In einer Urkunde wird Dresden zum ersten Mal erwähnt.
1216	Dresden wird als *Cevitas*, Stadt, bezeichnet.
1299	Erste Erwähnung der Stadtbefestigung Dresdens.
1403	Altendresden (rechts der Elbe) erhält das Stadtrecht mit eigenem Wappen.
1423	Das Herzogtum Sachsen-Wittenberg geht an die Wettiner, hiermit ist auch die Kurwürde verbunden. Das gesamte Gebiet heißt wenig später „Sachsen" beziehungsweise „Kursachsen".
1464	Die Wettiner wählen Dresden zu ihrer ständigen Residenz. Das Schloss wird erweitert.
1491	Die Hälfte der Stadt wird durch einen Brand vernichtet. Eine neue Bauordnung wird erlassen, die für Eckhäuser und Fronten Steinbauten bis zum ersten Stock sowie Ziegeldächer vorschreibt.
1685	Altendresden brennt nieder. Ein neuer Bebauungsplan wird entwickelt, der als Grundlage für den späteren Neuaufbau der Stadt unter August dem Starken *„zur neuen Stadt bei Dresden"* (künftig *Neustadt* genannt) dient.
Um 1700	1694 beginnt die Regierungszeit Friedrich August I., genannt „August der Starke". 1697 konvertiert der Kurfürst zum Katholizismus und wird König in Polen (August II.). So erreicht die Residenzstadt Dresden europäischen Rang. In den nachfolgenden Jahrzehnten entwickelt sich Dresden zur Kunstmetropole.

1708	Eine Forschergruppe um Ehrenfried Walther von Tschirnhaus und Johann Friedrich Böttger erfindet das europäische Hartporzellan; 1710 wird die Porzellanmanufaktur in Meißen gegründet.
1710 – 1732	Bau des Dresdner Zwingers durch den Architekten Matthäus Daniel Pöppelmann und den Bildhauer Balthasar Permoser.
1726 – 1743	Bau der Dresdner Frauenkirche, bedeutendstes Bauwerk von George Bähr.
1733	August der Starke stirbt. Nachfolger wird sein Sohn Friedrich August II. (König August III. von Polen), der die Baumaßnahmen und Kunstsammlungen fortführt.
1738 – 1755	Die Katholische Hofkirche wird nach Plänen von Gaetano Chiaveri gebaut.
1756 – 1763	Im Siebenjährigen Krieg werden über fünfhundert Gebäude in Dresden durch den Artilleriebeschuss der Preußen zerstört. Auch die Kreuzkirche. Nach dem verlorenen Krieg muss Sachsen hohe Entschädigungen an Preußen zahlen.
1806	Durch den Beitritt zum Rheinbund Napoleons wird Sachsen Königreich.
1809 – 1829	Abbruch der Festungsanlagen auf Veranlassung Napoleons.
1813	Napoleon erringt seinen letzten Sieg in der Schlacht bei Dresden.
1918	Die sächsische Regierung wird während der Novemberrevolution abgesetzt. Der König muss abdanken und die Republik wird ausgerufen.

Literatur- und Quellenangaben

Theodor Grässe: Sagenschatz des Königreiches Sachsen, 1874

Anton Weck: Der Chur-Fürstlichen-Sächsischen weitberuffenen Residentz und Haupt-Vestung Dresden. Beschreib: und Vorstellung, Nürnberg 1679

Paul Schumann: Dresden. Berühmte Kunststätten.
Heft 46. Seemann-Verlag, Leipzig 1909

Johann Christian Hasche: Umständliche Beschreibung Dresdens mit allen seinen äußeren und inneren Merkwürdigkeiten,
Band 1 und 2

Martin B. Lindau: Geschichte der Haupt- und Residenzstadt Dresden von der frühesten bis in die gegenwärtige Zeit, 1859

P. G. Hilscher: Der Sammler aller Merkwürdigkeiten in Beziehung auf Geschichte, Altertum, Kunst, Natur und Gewerbe im Königreich Sachsen, 1837

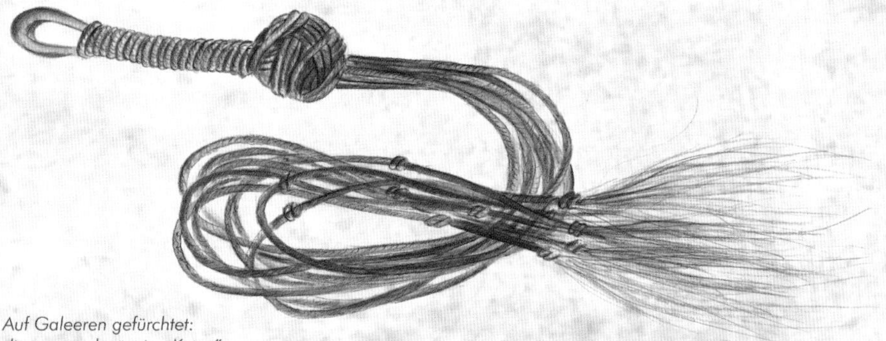

*Auf Galeeren gefürchtet:
die „neunschwänzige Katze"*

1. Auflage

Autor: Mario Sempf
Illustrationen: Thomas Zahn
Satz: TB-Medien, Dresden
Lektorat: Katharina Salomo
Druck: Tisk Horák, Ústi nad Labem

ISBN: 978-3-938932-46-9

www.alwis-verlag.de

Kinder- und Jugendbücher aus Dresden

Dresden zum Gruseln

Band 1

Autor: Mario Sempf
Illustriert von Thomas Zahn

ISBN: 978-3-938932-43-8
Taschenbuch 17,5 cm x 14,0 cm
48 Seiten mit farbigen Illustrationen

Preis: 5,95 Euro

Der Vielfraß und das Schneehuhn

Autoren: Gerd Sobtzyk / Uwe Stöcker
Illustriert von Sandra Mahn

Mit großem A2-Poster!

ISBN: 978-3-938932-40-7
Hardcover 20,0 cm x 20,0 cm
44 Seiten mit naturnahen farbigen Illustrationen

Preis: 9,90 Euro

Natur im Viereck –
Kinder entdecken die Welt.

Natur im Viereck

Das Eichkätzchen und die Waldmaus

Text und Illustration: Sandra Mahn

Mit großem A2-Poster!

ISBN: 978-3-938932-38-4
Hardcover 20,0 cm x 20,0 cm
44 Seiten mit naturnahen farbigen Illustrationen

Preis: 9,90 Euro

Natur im Viereck –
Kinder entdecken die Welt.

Natur im Viereck

Die Geschichte von Bleistift, Radiergummi und Spitzer

Mit Übungsteil!

Autoren: Gerd Sobtzyk / Uwe Stöcker
Illustriert von Heike Georgi

ISBN: 978-3-938932-03-2
Taschenbuch 14,0 cm x 17,5 cm
48 Seiten mit farbigen Illustrationen

Preis: 4,90 Euro

Auch in englicher Sprache:
ISBN: 978-3-938932-30-8

eBook

eISBN: 978-3-938932-34-6

Weitere Bücher unter: **www.alwis-verlag.de**